ISBN 960-90648-2-5

collection aura

Solveigh Kaehler

photographies

MONT-SAINT-MICHEL

écho de lumière

echo of light
echo aus licht

Kirjuhel

séquences poétiques
poetic sequences
poetische sequenzen

REVOE

Je remercie particulièrement Jean-Pierre Hochet, Administrateur de l'abbaye du Mont-Saint-Michel, qui m'a ouvert les portes du monument et m'a permis de mener à bien ce travail. Je remercie la Caisse Nationale des Monuments Historiques et des Sites pour l'organisation de l'exposition MONT-SAINT-MICHEL écho de lumière dans le Cellier de l'abbaye. Je remercie l'imprimerie Epikinonia et son directeur Savvas Kefalos du concours qu'il a apporté pour l'édition de ce livre. Je remercie Sophie Le Goff pour l'intérêt constant qu'elle a porté à la réalisation de ce projet. Je remercie Elias Cosindas pour sa patience et sa créativité. Je remercie Yorgos Stathopoulos pour son attention fidèle. Je remercie Heiner Georgsdorf, Tasos Gousis, Elfie Jehle, Françoise Loret, Martine Méron, Platon Rivellis, François Saint-James, les équipes de l'accueil, de l'Aumônerie et du Dortoir, les habitants du Mont et tous ceux qui de près ou de loin m'ont encouragée, soutenue et conseillée.

I thank in particular Jean-Pierre Hochet, Administrator of the abbey of Mont-Saint-Michel, who opened the doors of the monument to me and allowed me to bring about this work. I thank the Caisse Nationale des Monuments Historiques et des Sites for organizing the exhibition MONT-SAINT-MICHEL echo of light in the Cellier of the abbey. I thank the printing firm Epikinonia and its director Savvas Kefalos for the sponsorship of this publication. I thank Sophie Le Goff for the continuing interest she has devoted to the realization of this project. I thank Elias Cosindas for his patience and his creativity. I thank Yorgos Stathopoulos for his faithful attention. I thank Heiner Georgsdorf, Tasos Gousis, Elfie Jehle, Françoise Loret, Martine Méron, Platon Rivellis, François Saint-James, the staff of reception, of the Aumônerie and of the Dortoir, the people of the Mount and all those who from near and far encouraged, supported and advised me.

Ich danke insbesondere Jean-Pierre Hochet, Administrator der Abtei des Mont-Saint-Michel, der mir die Türen zu diesem Monument geöffnet und mir ermöglicht hat, meine Arbeit durchzuführen. Ich danke der Caisse Nationale des Monuments Historiques et des Sites für die Realisierung der Ausstellung MONT-SAINT-MICHEL echo aus licht im Cellier der Abtei. Ich danke der Druckerei Epikinonia und ihrem Direktor Savvas Kefalos für die Förderung dieser Publikation. Ich danke Sophie Le Goff für ihr unermüdliches Interesse, das sie der Verwirklichung dieses Projektes entgegengebracht hat. Ich danke Elias Cosindas für seine Geduld und Kreativität. Ich danke Yorgos Stathopoulos für seine Treue und Zuverlässigkeit. Ich danke Heiner Georgsdorf, Tasos Gousis, Elfie Jehle, Françoise Loret, Martine Méron, Platon Rivellis, François Saint-James, den Angestellten im Empfang, in der Aumônerie und im Dortoir, den Bewohnern des Mont und all denjenigen, die mich bei meiner Arbeit in irgendeiner Weise ermutigt, unterstützt und beraten haben.

S.K.

En arrivant au Mont-Saint-Michel, le visiteur aperçoit d'en bas l'abbaye comme posée sur un plateau. Elle est impressionnante de grandeur et effrayante de hauteur et elle le sollicite cependant à cause de cela même. Le visiteur a une indomptable envie de monter, d'entrer dans un autre univers. Héritage culturel et spirituel, l'abbaye semble hors du temps, seulement rythmé par la lumière du ciel, du soleil et de la lune.

Solveigh vint au Mont-Saint-Michel nous dire sa passion de cette mystérieuse pyramide de lumière. La photo qu'elle a choisie pour l'affiche de son exposition à l'abbaye (ph. 51) pourrait résumer son intention : la porte de la crypte des gros piliers est traversée par la lumière qui se frotte contre les colonnes infinies de cette salle des pas perdus, un espace abyssal. Lieu éternel et immuable que seul un trait de lumière lime comme un *écho de lumière*.

On arriving at the Mont-Saint-Michel, from below the abbey is seen as set upon a plateau. Its size is hugely impressive and its height is vertiginous, so that by this in itself the attraction is irresistible. The visitor is magnetized to climb upward and enter another universe. A heritage in both culture and religion, the abbey seems to be out of time and its rhythms solely marked by the light of the sky, the sun and the moon.

Solveigh came to the Mont-Saint-Michel to tell us of her passion for this mysterious pyramid of light. The photograph she has chosen for the poster of her exhibition in the abbey (ph. 51) could be a summing up of her intent: the entrance to the crypt of the sturdy pillars is striated by the light rubbing against the columns of this hall of lost steps, this endlessly cavernous space. A place eternal and immutable, limned by a luminous streak like an *echo of light*.

Der Besucher sieht, wenn er sich dem Mont-Saint-Michel nähert, die Abtei von unten so, als ob sie auf einer Hochebene läge. Sie beeindruckt durch ihre Größe, erschreckt durch ihre Höhe und übt doch gerade dadurch eine große Anziehung auf ihn aus. Der Besucher empfindet den unbezähmbaren Wunsch, hinaufzusteigen, in eine andere Welt einzutreten. Die Abtei, kulturelles und geistiges Erbe, erscheint zeitlos, nur vom Rhythmus des Himmels-, des Sonnen- und des Mondlichts bestimmt.

Solveigh kam zum Mont-Saint-Michel, um uns an ihrer Begeisterung für diese geheimnisvolle Lichtpyramide teilhaben zu lassen. Das Photo, das sie für das Plakat ihrer Ausstellung in der Abtei ausgewählt hat (ph. 51), ist bezeichnend dafür: Die Pforte zur Krypta der großen Pfeiler wird vom Licht durchdrungen, das sich an den unendlich hohen Säulen dieser einem abgrundtiefen Raum gleichenden Wandelhalle bricht. Ein ewiger und unveränderlicher Ort, der nur von einem Lichtstrahl durchbrochen wird, wie ein *echo aus licht*.

Jean-Pierre Hochet

Administrateur de l'abbaye du Mont-Saint-Michel
Administrator of the abbey of Mont-Saint-Michel
Administrator der Abtei des Mont-Saint-Michel

le *mont-saint-michel-au-péril-de-la-mer* est un bateau inversé ; ses voiles sont absorbées par le sable et l'eau, sa coque est la *merveille*, sa flèche renversée vers le firmament est sa quille ; c'est une vaste végétation de murs, de tours, de colonnes, de sculptures, un arbre cosmique qui tend ses frondaisons inspirées vers le mystère des origines ; c'est une source féconde qui fait que le feu d'en haut et celui d'en bas s'harmonisent, c'est un chant des contraires reflété dans le pur miroir de voix entendues comme dans un rêve ; là est né dans les vents, les eaux, les éclats, les lumières, les dangers, un poème de pierre formidablement propulsé par le génie humain pour irriguer les prochaines enfances

mount-saint-michael-at-the-peril-of-the-sea is an inverted ship; its sails are absorbed by the sands and the waters, its hull is the *marvel*, its spire overturned toward the firmament is its keel; it is a vast vegetation of walls, towers, columns, sculptures, a cosmic tree spreading its foliage inspired toward the mystery of origins; it is a fertile source which brings the fire from above and that from beneath into harmony, it is a hymn of opposites reflected in the pure mirror of voices heard as in a dream; there, in the winds, the waters, the flashes, the blazes, the dangers, a poem was born in stone formidably propelled by human genius to irrigate the childhoods ahead

der *mont-saint-michel-am-gefahrvollen-meer* ist ein umgekehrtes boot; seine segel werden verschlungen von sand und meer, sein rumpf ist die *wunderbare*, seine turmspitze, dem firmament zugeneigt, ist der kiel; er ist eine weitläufige vegetation von mauern, türmen, säulen und skulpturen, ein kosmischer baum, der sein laubwerk entflammt dem geheimnis des ursprungs entgegenstreckt; er ist eine fruchtbare quelle, die das feuer von oben und das feuer von unten miteinander in einklang bringt, er ist ein gesang der gegensätze, reflektiert im reinen spiegel von stimmen, gehört wie im traum; dort ist in den winden, den wassern, den blitzen, den lichtstrahlen und den gefahren ein gedicht geboren aus stein, vom menschlichen genius auf wunderbare weise vorangetrieben um die kommenden kindheiten zu durchströmen

1

un jour un diamant surgit d'une grande intensité, il montait au-dessus des nuages, ses facettes inondaient la terre de sourires bleus

one day a diamond emerged of great intensity, it rose above the clouds, its facets flooded the earth with smiles of blue

eines tages erstand ein diamant von großer intensität, er hob sich über die wolken, seine facetten überfluteten die erde mit blauem lächeln

le lieu où toutes les choses incandescentes du monde s'illuminent

the place where all things incandescent of the world are illuminated

der ort wo alle leuchtenden dinge der welt erstrahlen

on croit voir le monde entier s'écouler par une bouche d'or d'où les ombres se sont retirées

one thinks to see the entire world flow out through a golden orifice whence the shadows have withdrawn

man glaubt die ganze welt verströmen zu sehen durch einen goldenen schlund aus dem die schatten entwichen sind

les destinées hibernent dans le cœur de la pierre

destinies hibernate in the heart of the stone

schicksale überwintern im herzen des steins

le ciel noir où s'ouvre et palpite l'espace intérieur qui envoie ses rayons là où nulle lumière vive ne parvient

the black sky where opens out and palpitates the inner space which sends its rays there where no live light may reach

der schwarze himmel in dem sich auftut und bebt der innere raum der seine strahlen dorthin schickt wohin kein lebendes licht gelangt

il faut que s'ouvre le vide fécond comme un vaste fleuve de sang, comme une vie dans la vie
qui se déploie sur des racines desséchées dans la lumière du nord inapaisable

the void must gape fertile as a vast river of blood, as a life within life
which spreads on dessicated roots in the light of the north inappeasable

wie ein weiter fluß aus blut muß sich die fruchtbare leere öffnen, wie ein leben im leben
das sich auf ausgetrockneten wurzeln entfaltet im licht des nordens unstillbar

tout peut se voir sous une double trame car le regard habille le monde qui est et qui n'est pas

all may be seen under a double weft for the gaze dresses the world that is and that is not

man kann alles in zweifachem licht betrachten denn der blick bekleidet die welt die ist und die nicht ist

les portes sont d'azur tenace aux doubles gonds ouvragés de larmes et huilés d'une goutte de ce cristal
qui a la densité qui était à l'origine

the gates are of tenacious azure with twin hinges wrought by tears and oiled by a drop of that crystal
which has the density that was in the beginning

die tore sind beharrlich azurblau mit doppelten angeln aus tränen gearbeitet und geölt mit einem tropfen jenes kristalls
der die dichte hat die am anfang war

je voyais des rêves comme une ombre illuminer les murs des vieux palais

I saw dreams like a shadow lighting the walls of the old palaces

ich sah träume wie ein schatten die mauern alter paläste erleuchten

j'établis une demeure dans le monde qui double le monde et j'y dépose ma joie

I establish a dwelling in the world which doubles the world and in it I lay down my joy

ich errichte eine bleibe in der welt die verdoppelt die welt und ich lege dort meine freude nieder

je vois en transparence une clarté d'étoiles

I see in transparency a clarity of stars

ich sehe im durchschein eine klarheit aus sternen

les forces du monde sont à l'œuvre sous les astres

the forces of the world are at work beneath the spheres

die kräfte der welt wirken unter den gestirnen

les travailleurs de la lumière nous appellent avec des voix que la neige et le silence recouvrent vers l'au-delà de la blancheur de l'aube

the workers of light call us with voices which snow and silence cloak over to the beyond of dawn's whiteness

die arbeiter des lichts rufen uns mit stimmen die schnee und stille zudecken bis weit hinaus über die weiße der frühe

de chaîne en chaîne, tranchés par l'œil vif des ténèbres, se profilent les orbes spiralés de la vie

from chain to chain, sliced by the live eye of darkness, the spiralled orbs of life show in profile

in endloser kette, zerschnitten vom lebhaften auge der finsternis, entwirft die spiralbahn des lebens ihre kontur

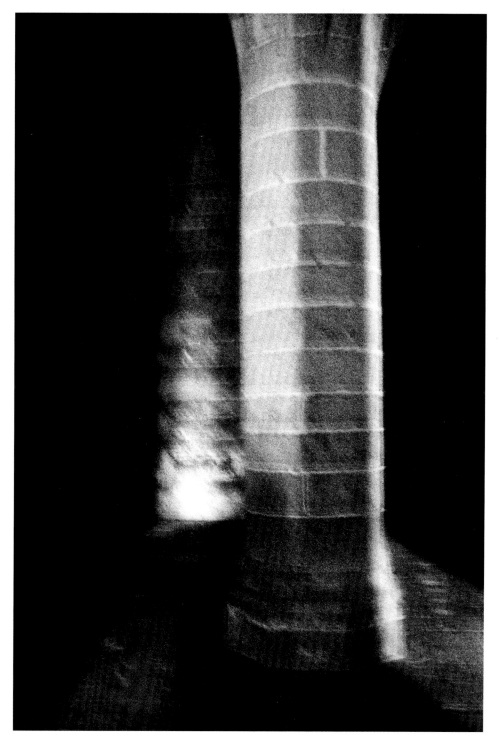

on entend la mémoire de ces mondes engloutis qui bat comme un cœur vif
que le passé ramène des berges du néant et nous donne à traduire

the memory is heard of these worlds engulfed beating like a vital heart
which the past brings back from the shores of nought and requires of us to translate

man hört das gedächtnis dieser versunkenen welten schlagen wie ein lebendiges herz
das die vergangenheit zurückträgt von den ufern des nichts und uns zur deutung aufgibt

le cristal de l'épée a condensé nos âmes

the crystal of the sword has condensed our souls

das kristall des schwertes hat unsere seelen verdichtet

c'était l'aube sur toute la surface de la pensée

it was dawn on the whole surface of thought

es war morgendämmerung über dem ganzen gesicht des denkens

j'imagine un visiteur du soir arrivant là dans les dernières lueurs du crépuscule, auréolé d'une gloire incomparable ; il pose au monde une question éternelle, sa voix grave donne l'idée d'un combat et sa douceur fait penser à un ange qui nous porterait un message de l'incréé ; elle nous tiendra éveillés à travers la nuit, accoudés l'un à l'autre comme le lierre sur le roc, cherchant à constituer avant que l'aube ne se lève les chants de triomphe et de reconciliation

I imagine an evening visitor arriving there in the last glow of dusk haloed in incomparable glory; he puts to the world an eternal question, his grave voice gives the idea of a battle and his gentleness brings to mind an angel which would bear to us a message of the uncreated; it will keep us awake through the night, leaning our backs on one another like ivy on the rock, seeking to constitute before dawn should break the songs of triumph and reconciliation

ich stelle mir einen abendlichen besucher vor, der dort eintrifft im letzten dämmerschein, bekränzt mit unvergleichlichem ruhm; er stellt der welt eine ewig gültige frage, seine tiefe stimme läßt an kampf und seine sanftheit an einen engel denken, der uns eine botschaft des unerschaffenen bringt; sie wird uns wachhalten durch die nacht, während wir uns aneinanderlehnen wie efeu an den fels und versuchen, noch vor anbruch der frühe, triumph- und versöhnungsgesänge ins leben zu rufen

Le Mont-Saint-Michel est bâti dans l'ouvert. Les terres semblent des eaux troubles, de la boue liquide, la mer semble un vaste désert. Je monte à l'abbaye en prenant le chemin des remparts. C'est de là que ma vue peut s'étendre. L'horizon s'éloigne, s'étale dans la distance. Les sables se mêlent au ciel, les eaux s'enfoncent dans les nuages, il n'y a plus de séparation entre les éléments. Je vois pour la première fois la réflexion du Mont qui, construit de pierre dure, s'imprime dans un miroir mouvant. Une trace inversée dans l'éphémère. Le monument fait briller son ombre. A l'intérieur de cette ombre humide se cache une lumière. C'est l'écho de cette lumière que cherche l'objectif dans le noir pour capter les rayons du jour qui le traversent. Photographier dans l'abbaye me fait entrer dans un monde de pierre qui raconte une histoire universelle. La masse lumineuse qui pénètre par les fenêtres se lie avec la brillance intérieure du monument. Conservant la qualité des formes elle dissout tout mur et rend l'horizon accessible. La crypte est un lieu-clef où je retourne à tous moments dans le labyrinthe des fondations. Dans cette forêt de colonnes les doubles et triples trames des piliers de la vie traînent leurs ombres dans la clarté changeante du jour. C'est comme si la rigidité de chaque colonne se brisait elle-même et donnait ainsi à voir sa substance. Les photos floues correspondent à un état d'errance. Toutes ces colonnes qui dans l'obscurité deviennent multiples à travers la longue exposition sur film sont suspendues dans l'espace par la lumière qui les sépare, les illumine et les soutient. Sur la terrasse de l'ouest j'entre dans une scène surréaliste, un plan d'un film muet que les acteurs viennent de quitter. La porte de l'église est restée ouverte comme si le metteur-en-scène s'y était caché. C'est la vie exposée sur le théâtre du monde, vulnérable et presque inconcevable et dont je suis spectatrice. C'est un appel à l'existence que d'être là dans l'hiver qui fait le vide sur la terrasse, le vide dans les sables mouvants, le vide dans la mémoire. Des ombres lumineuses comme des êtres imaginés se promènent le long des murs. Ce sont mes différents visages qui me saluent, qui m'échappent, qui m'encerclent. C'est parfois un peu effrayant mais aussi rassurant comme si, insaisissables et pourtant irrésistibles, ils m'appelaient pour une rencontre insolite. Le grand vitrail au fond du chœur, quand le soleil se trouve juste derrière, devient une figure féminine, qui brille et impose sa présence à travers toute la nef. Je ne peux pas y échapper. Comme dans un miroir je m'y regarde. Je photographie ce regard. En quelque sorte c'est un autoportrait. Les bancs vides suggèrent l'attente. Il y a des êtres qui vont s'y asseoir, s'écouter, inventer un nouveau dialogue. Dans le réfectoire les rayons qui jaillissent des fenêtres à un certain moment de l'après-midi et qui versent leur flux sur le sol aux mosaïques anciennes proposent deux chemins de clarté qui invitent à marcher vers ce qui se montre comme une source. Le Mont-Saint-Michel transforme la lumière dont l'œil explore les échos.

Solveigh Kaehler

The Mont-Saint-Michel is built in openness. The lands seem to be murky waters, liquid mud, the sea seems a vast desert. I climb to the abbey by the way of the ramparts. From there my sight can stretch. The horizon withdraws, stretches into the distance. The sands mingle with the sky, the waters sink into the clouds, there is no more separation of the elements. I see for the first time the reflection of the Mount which, built of hard stone, is imprinted on a moving mirror. A trace inverted in the ephemeral. The monument shines its shadow. Within this humid shade a light is concealed. It is the echo of this light that is sought by the lens in the dark to capture the beams of day radiating through it. To photograph in the abbey makes me enter into a world of stone telling a universal story. The luminous mass penetrating by the windows binds with the interior brilliance of the monument. Preserving the quality of shapes it dissolves all walls and gives access to the horizon. The crypt is a key-place to which I constantly return in the labyrinth of the foundations. In this forest of columns the double and triple wefts of the pillars of life are trailing their shadows in the changing clarity of day. It appears as if the rigidity of each column was shattering itself and thus revealing its substance. The blurred photographs correspond to a state of errancy. All these columns which in the darkness become multiple by long exposure on film are suspended in space by the light that separates, illuminates and supports them. On the west terrace I enter a surrealist scene, the still of a silent film the actors have just left. The church door is yet ajar as if the director was hiding behind it. It is life exposed on the stage of the world, vulnerable and almost inconceivable and of which I am spectator. It is a call to existence to be there, in the winter which makes emptiness on the terrace, emptiness on the moving sands, emptiness in memory. Luminous shades like imagined beings walk along the walls. They are my various faces who greet me, escape me, encircle me. It is sometimes slightly frightening but also reassuring, as if, not seizable and yet irresistible, they were calling me to an unaccustomed meeting. The great pane at the back of the chancel, when the sun is just behind it, becomes a female figure, shining and imposing her presence throughout the nave. I cannot escape it. As if looking in a mirror I see there myself. I photograph this look. In a way this is a self-portrait. The empty benches suggest expectancy. There are people who will sit down there, listen to one another, invent a new dialogue. In the refectory the rays springing from the windows at a certain moment of the afternoon and pouring their flux on the floor of antique mosaics propose two passages of clarity inviting to walk toward what shows itself as a source. The Mont-Saint-Michel transforms the light of which the eye explores the echoes.

Solveigh Kaehler

Der Mont-Saint-Michel ist ins Offene gebaut. Das Land gleicht trübem Wasser oder flüssigem Schlamm, und das Meer einer endlosen Wüste. Ich nehme den Weg hoch zur Abtei, entlang den Befestigungsmauern. Von dort weitet sich mein Blick. Der Horizont weicht zurück, dehnt sich in die Ferne aus. Der Treibsand mischt sich in den Himmel, das Wasser versinkt in den Wolken, der Unterschied zwischen den Elementen ist aufgehoben. Zum ersten Mal sehe ich den Widerschein des Mont-Saint-Michel, der sich, aus hartem Stein errichtet, in einem wogenden Spiegel reflektiert. Eine umgekehrte Spur in die Vergänglichkeit. Das Monument läßt seinen Schatten glänzen. Im Inneren dieses feuchten Schattens verbirgt sich ein Licht. Es ist dieses Licht, welches das Objektiv in der Dunkelheit sucht, um die sie durchdringenden Strahlen des Tages einzufangen. Das Photographieren in der Abtei eröffnet mir den Zugang zu einer Welt aus Stein, die eine Geschichte von universeller Tragweite erzählt. Die durch die Fenster dringende Lichtfülle verbindet sich mit dem inneren Glanz des Monuments. Sie bewahrt die Formen, löst jedoch jegliche Mauern auf und macht so den Horizont zugänglich. Die Krypta ist ein Schlüsselort, zu dem ich im Labyrinth der Grundmauern immer wieder zurückkehre. In diesem Wald der Säulen ziehen die zwei- und dreifachen Gerüste der Lebenspfeiler ihre Schatten in der wechselnden Klarheit des Tages hinter sich her. Als würde jede einzelne Säule ihre Starrheit selbst aufbrechen und auf diese Weise ihre Substanz zeigen. Die unscharfen Photos entsprechen einem Zustand des Hin- und Herirrens. All diese Säulen, die sich durch die lange Belichtung des Films in der Dunkelheit vervielfachen, schweben im Raum durch das Licht, das sie trennt, erleuchtet und trägt. Auf der Westterrasse betrete ich einen surrealistischen Ort, eine Szene aus einem Stummfilm, die soeben von den Schauspielern verlassen wurde. Die Kirchentür steht noch offen, als würde der Regisseur sich dahinter verbergen. Das ist das Leben, dargestellt auf der Theaterbühne der Welt, zerbrechlich und fast unbegreiflich, und ich schaue zu. Es ist eine Herausforderung an die eigene Existenz, hier zu sein im Winter, der Leere schafft auf der Terrasse, Leere im Treibsand, Leere in der Erinnerung. Leuchtende Schatten wandern an den Wänden entlang, als wären es Wesen aus meiner Vorstellung. Es sind meine verschiedenen Gesichter, die mir zunicken, mir entgleiten, mich umkreisen. Manchmal ist es ein wenig erschreckend, gleichzeitig aber auch beruhigend, so als würden sie mich, unfaßbar und doch unwiderstehlich, zu einer außergewöhnlichen Begegnung auffordern. Das große Glasfenster hinten im Chor wird, wenn die Sonne genau dahinter steht, zu einer leuchtenden weiblichen Figur, die mit ihrer Gegenwart das ganze Kirchenschiff erfüllt. Wie in einem Spiegel betrachte ich mich darin. Ich photographiere diese Betrachtung. In gewisser Weise ist das ein Selbstporträt. Die leeren Bänke lassen an Warten denken. Menschen werden sich dort hinsetzen, einander zuhören und einen neuen Dialog erfinden. Im Refektorium deuten die Strahlen, die durch die Fenster zu bestimmten Zeiten am Nachmittag aufleuchten und ihren Strom auf den Boden mit seinen alten Mosaiksteinen ergießen, auf zwei Wege der Klarheit, die dazu einladen, auf etwas zuzugehen, das wie eine Quelle erscheint. Der Mont-Saint-Michel wandelt das Licht um, dessen Echo das Auge erforscht.

Solveigh Kaehler

born in Hamburg, lives and works in Greece since 1981. She studied literature in Germany, France and the United States (MA) and produced radio programs in Berlin and Athens. She studied photography with Platon Rivellis and chose black and white as means of expression. She has a predilection for ancient sites, "vast expanses of an inner geography of memory", for imagined landscapes, for themes of duality and the intemporal. She has photographed the sounds and senses of the contemporary epic poem *Fragments Epiques (Epic Fragments)*, musical and poetical work by the composer Kirjuhel with whom she produces work cycles mingling poetry, music and photography

publications

Fragments Epiques (Epic Fragments) publ. Revoe 1995 (3 CDs + book)
Παλίρροια (Tide) publ. Photochoros 1997
CARNAC words of stone publ. Revoe 1997

individual exhibitions

1995 Photochoros Gallery Athens
1995 French Institute Thessaloniki
1996 *Fragments Epiques (Epic Fragments)* Desmos Gallery Paris
1997 *Παλίρροια (Tide)* Melina Mercouri Arts Centre Hydra
1997 *Fragments* Hellenic Institute Berlin
1998 *Ενδοχώρα (Hinterland)* Zygos Gallery Athens
1998 *Παλίρροια (Tide)* Cultural Centre Pantheon Igoumenitsa
1997-1998 *CARNAC words of stone* Kermario Carnac
2000-2001 *MONT-SAINT-MICHEL echo of light* Abbey of Mont-Saint-Michel

SOLVEIGH KAEHLER

Photo Vangelis Zavos

née à Hambourg, vit et travaille en Grèce depuis 1981. Elle étudie la littérature en Allemagne, en France et aux Etats Unis (Master of Arts) et crée des émissions de radio à Berlin et à Athènes. Elle étudie la photographie avec Platon Rivellis et choisit le noir et blanc comme moyen d'expression. Elle s'intéresse aux lieux archaïques, "vastes étendues d'une géographie intérieure de la mémoire", aux paysages imaginés, au thèmes de la dualité et de l'intemporel. Elle photographie les sons et les sens de l'épopée contemporaine *Fragments Epiques*, œuvre musicale et poétique du compositeur Kirjuhel avec lequel elle réalise des cycles de travail mêlant la poésie, la musique et la photographie

publications

Fragments Epiques Editions Revoe 1995 (3 CDs + livre)
Παλίρροια (Marée) Editions Photochoros 1997
CARNAC paroles de pierre Editions Revoe 1997

expositions individuelles

1995 Galerie Photochoros Athènes
1995 Institut Français Salonique
1996 *Fragments Epiques* Galerie Desmos Paris
1997 *Παλίρροια (Marée)* Centre d'Art Melina Mercouri Hydra
1997 *Fragments* Institut Hellénique Berlin
1998 *Ενδοχώρα (Arrière-Pays)* Galerie Zygos Athènes
1998 *Παλίρροια (Marée)* Centre Culturel Pantheon Igoumenitsa
1997-1998 *CARNAC paroles de pierre* Kermario Carnac
2000-2001 *MONT-SAINT-MICHEL écho de lumière* Abbaye du Mont-Saint-Michel

in Hamburg geboren, lebt und arbeitet seit 1981 in Griechenland. Sie studiert Literatur in Deutschland, Frankreich und den USA (Master of Arts) und produziert Radiosendungen in Berlin und Athen. Sie studiert Photographie bei Platon Rivellis und wählt die Schwarzweißphotographie als Ausdrucksmittel. Sie interessiert sich für archaische Orte, "unbegrenzte Ausdehnungen einer inneren Geographie der Erinnerung", für imaginäre Landschaften, für Themen der Dualität und der Zeitlosigkeit. Sie photographiert die Klänge und Sinnbilder des zeitgenössischen Epos' *Fragments Epiques (Epische Fragmente)*, ein musikalisches und dichterisches Werk des Komponisten Kirjuhel, mit dem sie Arbeitszyklen realisiert, bei denen sich Poesie, Musik und Photographie vereinen

veröffentlichungen

Fragments Epiques (Epische Fragmente) Herausgeber Revoe 1995 (3 CDs + Buch)
Παλίρροια (Gezeiten) Herausgeber Photochoros 1997
CARNAC worte aus stein Herausgeber Revoe 1997

einzelausstellungen

1995 Galerie Photochoros Athen
1995 Institut Français Saloniki
1996 *Fragments Epiques (Epische Fragmente)* Galerie Desmos Paris
1997 *Παλίρροια (Gezeiten)* Kunstzentrum Melina Mercouri Hydra
1997 *Fragmente* Institut für Griechische Kultur Berlin
1998 *Ενδοχώρα (Hinterland)* Galerie Zygos Athen
1998 *Παλίρροια (Gezeiten)* Kulturzentrum Pantheon Igoumenitsa
1997-1998 *CARNAC worte aus stein* Kermario Carnac
2000-2001 *MONT-SAINT-MICHEL echo aus licht* Abtei des Mont-Saint-Michel

photographies   photographs   photographien

1 grève et herbus   2 Mont-Saint-Michel et Tombelaine   3 prés salés du Mont   4 digue et Mont   5 jardins du nord   6 nef de l'abbatiale   7 crypte des gros piliers   8 chœur gothique flamboyant   9 bas-relief du chœur   10 salle des hôtes   11 crypte des gros piliers   12 salle des chevaliers   13 cloître de la Merveille   14 promenoir des moines   15 chœur gothique flamboyant   16 abbaye vue de l'est   17 digue et mer   18 terrasse de l'ouest   19 réfectoire des moines   20 cloître de la Merveille   21 du promenoir des moines au Cachot du Diable   22 crypte des gros piliers   23 croisée du transept de l'abbatiale   24 bas-côté du chœur   25 pilier de la crypte de l'Aquilon   26 Mont-Saint-Michel   27 tour de croisée   28 voûte en berceau de l'abbatiale   29 angle nord-ouest de la Merveille   30 pinacles et arcs-boutants   31 tourelle des corbins et pinacles du chœur   32 cloître de la Merveille   33 gargouilles de l'escalier de dentelle   34 vue de nuit de l'abbatiale   35 salle des hôtes   36 grand degré intérieur   37 chapelle du chœur de l'abbatiale   38 bas-relief du chœur   39 pilier central de la crypte   40 croisée du transept de l'abbatiale   41 promenoir des moines   42 crypte des gros piliers   43 console du chœur   44 salle des chevaliers   45 promenoir des moines   46 vierge du prieuré de Ballant   47 salle des hôtes   48 bénitier de l'abbatiale   49 Cachot du Diable   50 chapelle de la crypte   51 crypte

1 shore and grass   2 Mont-Saint-Michel and Tombelaine   3 salt-marshes of the Mount   4 sea-wall and Mount   5 north gardens   6 nave of the minster   7 crypt of the sturdy pillars   8 chancel in gothic-flamboyant   9 bas-relief of the chancel   10 hall of guests   11 crypt of the sturdy pillars   12 hall of knights   13 cloister of the Marvel   14 monks' ambulatory   15 chancel in gothic-flamboyant   16 abbey from the east   17 sea-wall and sea   18 west terrace   19 monks' refectory   20 cloister of the Marvel   21 from the monk's ambulatory to Devil's Dungeon   22 crypt of the sturdy pillars   23 traverse of the minster transept   24 chancel aisle   25 pillar in the crypt of Aquilon   26 Mont-Saint-Michel   27 tower of the transverse   28 cradle-vault of the minster   29 north-west angle of the Marvel   30 finials and flying buttresses   31 turret of the corbels and finials of the chancel   32 cloister of the Marvel   33 gargoyles of the lace staircase   34 minster seen by night   35 hall of guests   36 ceremonial staircase   37 chapel of the chancel in the minster   38 bas-relief of the chancel   39 central pillar of the crypt   40 traverse of the minster transept   41 monks' ambulatory   42 crypt of the sturdy pillars   43 chancel console   44 hall of the knights   45 monks' ambulatory   46 virgin and child of the priory of Ballant   47 hall of guests   48 holy-water basin in the minster   49 Devil's Dungeon   50 chapel of the crypt   51 crypt

1 Ufer und Gras   2 Mont-Saint-Michel und Tombelaine   3 Salzwiesen des Mont   4 Deich und Mont   5 Nordgärten   6 Schiff der Abteikirche   7 Krypta der großen Pfeiler   8 spätgotischer Chor   9 Chorrelief   10 Gästesaal   11 Krypta der großen Pfeiler   12 Rittersaal   13 Kloster der Merveille   14 Wandelgang der Mönche   15 spätgotischer Chor   16 Abtei (Ostansicht)   17 Deich und Meer   18 Westterrasse   19 Refektorium der Mönche   20 Kloster der Merveille   21 vom Wandelgang der Mönche zum Teufelsverließ   22 Krypta der großen Pfeiler   23 Querschiff der Abteikirche   24 Seitenschiff des Chors   25 Pfeiler der Krypta von Aquilon   26 Mont-Saint-Michel   27 Vierungsturm   28 Wiegengewölbe der Abteikirche   29 Nordostseite der Merveille   30 Zinnen und Strebebögen   31 Konsoltürmchen und Fialen   32 Kloster der Merveille   33 Wasserspeier der Spitzen-Treppe   34 Abtei (Nachtansicht)   35 Gästesaal   36 Treppe des Grand Degré   37 Kapelle im Chor der Abteikirche   38 Chorrelief   39 Mittelsäule der Krypta   40 Querschiff der Abteikirche   41 Wandelgang der Mönche   42 Krypta der großen Pfeiler   43 Konsole im Chor   44 Rittersaal   45 Wandelgang der Mönche   46 Madonna mit Kind aus dem Priorat von Ballant   47 Gästesaal   48 Weihwasserbecken der Abteikirche   49 Teufelsverließ   50 Kapelle der Krypta   51 Krypta

direction artistique Solveigh Kaehler   coordination Philippos Gritziotis   traduction du français en anglais Doolie Sloman, du français en allemand Gisela Rueb et Solveigh Kaehler   conception graphique Christina Machera   maquette Myriki   reproductions duotone Nikos Alexiadis films Myriki et Toxo   montage et impression Epikinonia   première édition REVOE Athènes Grèce Mars 2000

artistic direction Solveigh Kaehler   coordination Philippos Gritziotis   translation from French into English Doolie Sloman, from French into German Gisela Rueb and Solveigh Kaehler graphic design Christina Machera   layout Myriki   duotone reproductions Nikos Alexiadis films Myriki and Toxo   mounting printing binding Epikinonia   first published in Greece in March 2000 by REVOE Athens

künstlerische Gestaltung Solveigh Kaehler   Koordination Philippos Gritziotis   Übersetzung aus dem Französischen ins Englische Doolie Sloman, aus dem Französischen ins Deutsche Gisela Rueb und Solveigh Kaehler   graphisches Design Christina Machera   Layout Myriki Duplex Reprotechnik Nikos Alexiadis   Filme Myriki und Toxo   Montage Druck Bindung Epikinonia   erste Auflage REVOE Athen Griechenland März 2000

R E V O E   Souidias 51   Athens 10676   Greece   Tel (+301) 72 95 179   Fax (+301) 72 95 189
http://www.revoe.gr   e-mail: revoe@otenet.gr